Género Obra de teatro

I0799631

Pregunta esencial

¿Cómo podemos disfrutar la naturaleza?

Aventuras en el lago

Sabrina Herreros
ilustrado por Ángela Padrón

Personajes: El abuelo, Robertito

Escena 1

Del vecindario al lago

Una calle en un vecindario

Robertito: ¡Qué hermoso día, abuelo! ¿Vamos a pasear?

Abuelo: ¡Sí, vamos! Es muy lindo pasear por la alameda. Me gusta la espesura de los árboles cuando hace calor.

Robertito: ¿Podemos ir de paseo el sábado a otro lugar? Le pediré permiso a mamá y papá.

Abuelo: Sí, por supuesto. Déjame pensar...

Abuelo: ¿Te gustaría ir de paseo a un lugar diferente? Conozco un lugar maravilloso para disfrutar de la naturaleza.

Robertito: ¡Sí, abuelo! ¿A dónde iremos?

Abuelo: ¡Iremos a conocer un lago hermoso!

Robertito: ¿Tú ya lo conoces? ¿Qué haremos allí, abuelo?

Abuelo: Yo estuve allí muchas veces y me gustaría que tú también lo conozcas porque es un lugar muy bello. El agua del lago es turquesa y está rodeado de montañas. Saldremos a pescar en bote, siempre que no haga mucho frío. A veces los vientos son muy fuertes y es muy difícil pescar. Pero igual lo intentaremos.

Robertito: ¡Qué bueno! ¿Cuándo viajaremos?

Abuelo: Saldremos mañana bien temprano. Las cañas de pescar ya están preparadas. ¡Será un viaje inolvidable!

Robertito: Le pediré a papá que prepare mis sándwiches favoritos. Y a mamá que me ayude a preparar mi mochila.

Escena 2

Aprender a remar

Un lago entre montañas

Robertito: ¡Abuelo! ¡Qué hermoso lugar!

Abuelo: Y hoy tenemos suerte. No hay viento ni hace mucho frío. Primero, nos subiremos al bote y pasearemos por el lago. Hay unos hermosos paisajes. Después prepararemos las cañas y te enseñaré a colocar la línea.

Robertito: También quiero que me enseñes a colocar el anzuelo. Mira, traje los anzuelos que hizo papá. Son muy lindos y coloridos.

Abuelo: Muy bien. Pero recuerda que las truchas son inteligentes. Los colores del anzuelo las atraen. Pero cuando las truchas descubren que los anzuelos no son verdaderos, ¡se escapan! Por eso, deben tener muchos colores. Debemos tener constancia y paciencia para pescar.

Robertito: ¡Mira, abuelo! Allí adelante el lago es más estrecho.

Abuelo: Y mira, Robertito, ¡hay una montaña en cada orilla!

Robertito: ¿Podríamos detenernos allí para pescar?

Abuelo: Claro. Has tenido una muy buena idea. Y allí podríamos jugar a buscar semejanzas entre las dos montañas.

Robertito: ¡Y también podríamos buscar las diferencias!

Abuelo: Yo ya encontré una diferencia. ¿Tú también?

Robertito: ¡Una de las montañas tiene un bosque, abuelo!

Abuelo: ¡Muy bien, Robertito! Esa es la diferencia que yo había visto. Ahora vamos a detenernos. Ten cuidado, el agua está un poco agitada. Sostente fuerte.

Robertito: ¡Me estoy sosteniendo fuerte!

Detective del lenguaje	**El verbo subrayado en esta página, ¿está conjugado en tiempo pretérito o en presente?**

Abuelo: Ahora, lo que tienes que hacer es mantenerte en el centro del bote. Mira siempre hacia adelante; de ese modo, no nos inclinaremos hacia ningún lado. ¿Comprendes, Robertito? *ito... ito... ito...*

Robertito: ¡Sí, abuelo! *elo... elo... elo...*

Abuelo: ¿Escuchas tu eco? *eco... eco... eco...*

Escena 3

Fogata y estrellas

Lugar para acampar a orillas del lago

Abuelo: Ya es de noche y tenemos que calentarnos. Haremos una linda fogata y cocinaremos esta trucha para la cena.

Robertito: Yo te ayudo, abuelo. ¡Cuántas estrellas hay esta noche!

Abuelo: Si miras con atención, podrás ver las constelaciones que forman diferentes escenas. ¿Ves? Allí se ve claramente la Osa Mayor. Y allí solito está Venus.

Robertito: ¡El cielo se ve muy hermoso desde aquí!

Abuelo: Si aquí hubiera una ciudad, no veríamos un cielo tan limpio. La naturaleza es muy hermosa y los lugares como este nos permiten disfrutarla.

Robertito: ¿Nunca vivió gente aquí, abuelo?

Abuelo: Sí, aquí vivió gente hace mucho tiempo. Y respetaban mucho la naturaleza. Gracias a ellos, podemos disfrutarla nosotros hoy. Debemos aprender mucho de ellos.

Robertito: Abuelo, me gustaría saber más acerca de las personas que habitaron este lugar.

Abuelo: Hubo distintos grupos indígenas que habitaron estas tierras. Uno de estos grupos era el de los hurones. Te contaré una pequeña historia que representa la forma en que vivían.

Escena 4

La naturaleza

Lugar para acampar a orillas del lago

Abuelo: Los hurones eran sedentarios. Eso significa que vivían en un lugar y cultivaban la tierra. Ellos también construían sus canoas para recorrer estos lagos y usaban los tallos duros de algunas plantas como cañas de pescar.

Robertito: ¡A mí me gustaría vivir así, abuelo!

Abuelo: Los hurones tenían una gran sabiduría. Sus canoas les permitían viajar muy lejos. Además de usar tallos duros para pescar, los hurones también pescaban con la mano.

Robertito: ¿Tú también sabes pescar con la mano?

Abuelo: No, Robertito. Tú y yo vivimos en la ciudad y tenemos otras costumbres.

Robertito: Yo estoy acostumbrado a ir a la escuela.

Abuelo: Sí. Y yo a comprar la comida en el supermercado.

Robertito: ¡Pero ahora no, abuelo, acabamos de pescar!

Abuelo: Y también estuvimos navegando por el lago.

Robertito: A mí me gustó mucho cuando hablamos con eco.

Detective del lenguaje **¿En qué tiempo está conjugado el verbo subrayado en esta página?**

Abuelo: Ya está lista la cena, pequeño.

Robertito: ¡Qué bien huele!

Abuelo: Ahora veamos qué sabor tiene.

Robertito: ¡Es el pescado más sabroso que he comido, abuelo!

Abuelo: ¿Alguna vez habías cenado mirando las estrellas?

Robertito: No. Pero me gustaría hacerlo todas las noches.

Abuelo: Ponte este abrigo. Hace un poco de frío ahora.

Robertito: ¡Abuelo, qué feliz que soy! Aprendí mucho hoy. Nunca me voy a olvidar de este paseo. Quisiera repetirlo más seguido.

Abuelo: Robertito, nieto querido, todavía nos queda mucho por aprender y yo estoy dispuesto a acompañarte.

Respuesta a la lectura

Resumir

Usa detalles importantes del cuento para resumir *Aventuras en el lago*.

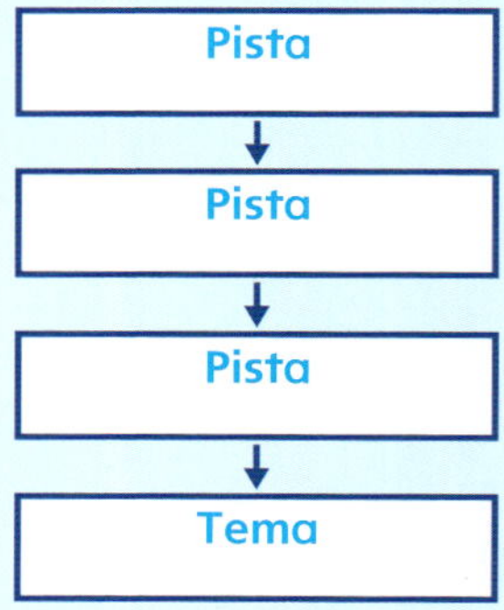

Evidencia en el texto

1. ¿Cómo sabes que *Aventuras en el lago* es una obra de teatro? **GÉNERO**

2. ¿Cuál es el tema de *Aventuras en el lago*? Justifica tu respuesta con detalles. **TEMA**

3. Descubre el significado de la palabra *coloridos* en la página 5, con lo que sabes acerca de raíces de palabras. **RAÍCES DE PALABRAS**

4. Escribe sobre cómo podemos disfrutar de la naturaleza. Usa detalles acerca de lo que hacen Robertito y su abuelo. **ESCRIBIR SOBRE LA LECTURA**

Género Cuento folclórico

Compara los textos

Lee para descubrir por qué hay estrellas en el cielo.

Por qué existen las estrellas

Hace mucho tiempo, una niña vivía con su madre en un pueblo lejano. La niña era terca. Incluso se podría decir que era un poco malcriada. En otras palabras, estaba acostumbrada a hacer lo que ella quería.

Un día, la madre de la niña estaba cocinando sobre el fuego. Estaba asando unos ricos vegetales con algunas semejanzas al camote. ¡Estaban absolutamente deliciosos! La niña comió un plato tras otro. Ella quería más, pero su madre le dijo que ya había comido suficiente.

Illustration: Ivica Stevanovic

La niña estaba tan enojada que tomó los vegetales del fuego y echó las cenizas al cielo. Sus manos se lastimaron al agarrar los vegetales calientes. Inmediatamente, la niña se avergonzó de su mal comportamiento.

¡Pero la historia tiene un final feliz! Las cenizas rojas y blancas flotaban en lo alto. Así, se convirtieron en las estrellas rojas y blancas de la Vía Láctea. Y es por eso que hay estrellas en el cielo.

Haz conexiones

¿Cómo explica el cuento folclórico por qué hay estrellas en el cielo? **PREGUNTA ESENCIAL**

¿Qué importancia tiene el cielo en *Aventuras en el lago* y en *Por qué existen las estrellas*? **EL TEXTO Y OTROS TEXTOS**

Enfoque:
Elementos literarios

Tema El tema es el mensaje que nos transmite un cuento o una obra de teatro.

Lee y descubre Vuelve a leer *Aventuras en el lago* y descubre qué le cuenta el abuelo a Robertito acerca de los hurones en las páginas 12 y 13. Luego, investiga sobre el grupo indígena de los hurones.

Tu turno

Escribe una obra de teatro acerca de una familia que va de campamento a la playa. ¿Qué descubrirán los personajes? ¿Qué es lo que más les interesa ver y recorrer? Piensa lo que harán los personajes en la obra de teatro. Haz una lista de ideas y muéstraselas a un compañero o una compañera.